Ich hatte damals eine Mama und einen Papa

natürlich.

Eine Geschichte verändert sich.

Es ist immer ein Unterschied, ob dir eine Geschichte erzählt wird oder du sie liest. Lesende werden nie wissen, wie es ist, einer Erzählerin oder einem Erzähler gegenüberzusitzen. Nie die Stille im Moment erleben, nie die kurzen Pausen zum Luftholen kennenlernen. Auch nicht das Ringen um Fassung oder das Zittern der Hände. Nie dem Augenkontakt begegnen, dem Lächeln oder die Unsicherheit der Erzählenden am Anfang einer Geschichte spüren. Das sind Unterschiede.

Aber worum es beim Zuhören wie beim Lesen einer Geschichte immer geht, ist das Zeitnehmen.

Dieses Buch ist die Dokumentation der Erzählung einer alten Dame. Ihr Name, den sie nicht von Geburt an trug, ist heute Sara Bialas. Sie wurde 1941 mit 13 Jahren aus ihrer Heimatstadt Częstochowa in Polen von Deutschen in das Arbeitslager Groß-Rosen deportiert.

Warum ich, Lena Müller, geboren 1997, die Lebensgeschichte einer Dame, geboren 1927, aufschreiben möchte?

Das ist ganz einfach zu beantworten. Die Vergangenheit ist nicht vergangen, nicht fremd, nicht tot und nicht von uns losgelöst zu betrachten. Meine und jede künftige Generation hat eine Verantwortung gegenüber den verübten Verbrechen der Deutschen im Nationalsozialismus. Es hilft nichts, die Augen zu schließen und darauf zu warten, dass diese Verantwortung vergeht.

Das Einzige, das wir machen können, was Jeder tun kann, ist Hinzusehen. Und aus der Geschichte zu lernen. Für ein Leben in Vielfalt und Menschlichkeit.

Inhalt

Esther Perla und Hadasa um 1939

Wir waren drei Kinder, drei Töchter. Mit zwölf Jahren war ich die Jüngste. Meine älteste Schwester, Esther Perla, war zehn Jahre und die mittlere, Hadasa, fünf Jahre älter. Ich wurde in einer wirklich schönen, großen Stadt in Polen geboren, sie hieß Częstochowa. Ich bin jüdisch, ich wurde in eine jüdische Familie hineingeboren. Meine Eltern waren nie streng gläubig, aber es gab dennoch ein paar jüdische Rituale, nach denen wir lebten. Aber nicht sehr viele.

Ich kann nichts weiter sagen. Das Leben war so, wie das Leben war. Mein Papa hat sich immer Zeit für mich genommen, auch wenn er mir etwas zweimal erklären musste. Er hatte sehr viel Geduld mit mir. Ich war ein wirklich geliebtes und gewolltes Kind, obwohl ich schon die dritte Tochter war. Für mich war meine älteste Schwester eine Autorität. Wenn sie gesagt hat, hol mir ein Glas Wasser, hätte ich nie gesagt, geh doch selber. Das war bei meiner zweiten Schwester nicht so.

Vormittags bin ich auf eine katholische Schule bei uns in der Nähe gegangen und nachmittags auf eine private jüdische Schule. Ich wollte viel lernen, lesen und wissen. Ich habe auch sehr viel gesungen und getanzt und singe und tanze auch heute noch, wenn es irgend geht. Also zusammengefasst – ich hatte ein gutes Zuhause und eine gute Kindheit.

Ich habe gerne gelesen und gerne gespielt, aber nur mit Jungs. Ich war manchmal kein gutes Kind. Als mich einmal Freunde zum Spielen abholen wollten, sollte ich erst meiner Schwester beim Abwasch in der Küche helfen. Aber ich wollte lieber spielen, also hab ich den Teller zum Abtrocknen genommen und auf den Boden fallen lassen. Meine Schwester war sehr böse auf mich. Sie hatte Angst, ich würde alles kaputt machen. Sie hat mit mir geschimpft, ich sollte sofort aus der Küche verschwinden. Und so bin ich aus der Küche und spielen gegangen.

Damals haben die Jungs die Mädchen immer geärgert und an den Haaren gezogen. Einmal hatte ich ein Glas mit Blutegeln dabei und wollte sie meiner Schulklasse zeigen. Da hat ein Junge vor der Schule an meinen Haaren gezogen und dann habe ich das ganze Glas über seinen Kopf ausgeleert. Der hat große Augen gemacht und ab da hat mich kein Junge mehr geärgert.

Ich habe mich sehr gefreut.

Am 2. September 1939 kamen die Deutschen.

Meine Eltern waren an dem Tag nicht zu Hause, warum weiß ich nicht mehr. Meine Schwestern und ich waren bei unserer Tante. Damals hat jeder, der ein Radio hatte, es auf die Straße gestellt, damit die Menschen wussten, was Sache ist. Und es waren keine guten Nachrichten. Und dann kamen die Deutschen. Sie waren am Freitag bei uns in Częstochowa. Wir haben damals in einem Eckhaus gewohnt und ganz in der Nähe gab es eine jüdische Berufsschule. Und da waren die deutschen Soldaten. Ich bin mit vielen Kindern dahin, um zu schauen, wie denn die Deutschen aussahen. Die Soldaten verteilten an uns Süßigkeiten. Also bin ich zurück zur Tante und sagte, Tante, das sind sehr gute Menschen. Sie haben allen Kindern Süßigkeiten gegeben. Meine Tante hat nichts gesagt. Aber am übernächsten Tag war Schluss mit dem Gutsein. Am Sonntag sind sie durch die Stadt gefahren und haben gesagt, alles ist gut, geht morgen alle arbeiten. Das haben auch alle gemacht.

Am nächsten Tag, am Montag, sind meine beiden Schwestern zur Post gegangen und ich war alleine mit der Tante. Vor dem Essen hackt und schlägt etwas bei uns an der Tür. Als meine Tante die Tür öffnete, stand da kein Mensch. Das war kein Mensch. Wir haben kein Wort verstanden, was er gebrüllt hat und dann hat er gezeigt, was er machen kann.

Der Soldat packte mich an der Hand und hat mich, meine Tante und eine Nachbarin mit ihrem Kind aus dem Haus auf die Straße gejagt. Auf der Straße wurde alles, was gelebt hat, in diese Schule getrieben, Erwachsene, Kinder, Tiere.

Dann sah ich unser Wohnhaus brennen. Rechts und links war alles voller Menschen. Alle suchten nach jemandem. Alle hatten Panik. Und wir wussten nicht, was sie wollten. Ein Soldat sagte etwas, aber kaum einer hat es verstanden. Wir konnten ja kein Deutsch.

Ich habe angefangen zu weinen. »Wo sind meine Eltern? Wo sind Mama und Papa?« Meine Tante hat versucht, mich zu trösten. Dann fingen die Soldaten an, nur die Männer wegzuführen. In der Nähe gab es eine Papierfabrik, wo sie hingeführt wurden. Die Männer wurden in Gruppen von zehn Männern aufgeteilt. Dann haben die Soldaten jede zweite Gruppe erschossen. Unter den Erschossenen war auch mein Cousin.

Ich weiß nicht, wie lange wir dort so standen. Wir bekamen weder Wasser noch durften wir uns rühren. Frauen und Mädchen standen mit erhobenen Händen an der Wand entlang. Viele Frauen sind umgefallen. Es gab keine Hilfe. Als wir dann irgendwann gehen durften, fingen die Soldaten an, blind in die Menge zu schießen. Einfach so.

Eigentlich war es ein schöner Tag gewesen. Das weiß ich noch.

Wir rannten zu einer anderen Tante. Es war schon spät am Abend, als wir ankamen. Mein Onkel kam nach uns ins Haus und das war das erste Mal, dass ich eine ältere Person habe weinen sehen. Er sagte, ganz Częstochowa brennt.

Es waren aber nicht nur Synagogen, die brannten. Es brannten auch Kirchen. Ganz spät in der Nacht kamen auch meine Schwestern, aber wo meine Eltern waren, wussten wir nicht. Alles, was wir hatten, war verbrannt. Dann, nach zwei oder drei Tagen, kamen endlich meine Eltern. Ich habe nicht gefragt, wo sie die letzten Tage über geblieben waren. Ich war nur glücklich, dass sie endlich wieder da waren. Aber unser Zuhause war abgebrannt, wir hatten nichts zu essen. Wir sind dann bei den Schwestern meiner Mutter untergekommen, mal hier und mal da. Für mich war das anfangs noch gut, aber als das große Ghetto kam, bin auch ich schnell groß geworden.

Der Hunger war furchtbar. Ich kann mir heute nur schwer vorstellen, wie es für meine Eltern war, die eigenen Kinder hungern zu sehen. Es war schlimm, aber nicht so schlimm wie das, was später kam.

Im Ghetto mussten alle Juden ab zwölf Jahren anfangen zu arbeiten und eine Armbinde mit dem Wort Jude tragen. Meine mittlere Schwester arbeitete innerhalb des Ghettos für die Deutschen und ich weiß noch, dass ihre Armbinde deswegen eine andere Farbe hatte. Meine Schwester war eine sehr schöne junge Frau. Eines Abends saßen wir bei uns, das heißt meine Eltern, meine Tante, meine Schwester und ich und da kam ein deutscher Soldat rein. Denn wir durften nicht abschließen. Das war verboten.

Die Deutschen konnten reinkommen, wann sie wollten und nahmen, was sie sahen. Der deutsche Soldat sah uns an und sagt dann zu meinem Vater: »Du hast so viele schöne Frauen und ich hab keine.« Ich weiß nicht, wie meine Mutter diesen Moment überlebt hat. Dann sagte der Soldat zu meinem Vater, er solle mitkommen. Und er musste mit ihm gehen. Wir dachten, wir sehen Papa nie wieder.

Niemand hat danach ein Wort gesagt. Wir saßen da, starr vor Angst. Um Mitternacht kamen mein Papa und der Soldat mit etwas Essen zurück. Ich weiß bis heute nicht, was das war. Niemand hat nachgefragt. Und wir wussten nicht, was er noch mit uns macht. Ich habe das damals einfach nicht verstanden. Es war einfach nur schrecklich und dann war meine Schwester weg.

Einmal habe ich auf der Straße im Ghetto eine alte Schulkameradin getroffen und sie sagte zu mir, »du siehst eigentlich gar nicht aus wie eine Jüdin.« Denn ich hatte von Natur aus blonde Haare. Sie fragte, ob ich etwas Geld habe. Ich könne vielleicht raus aus dem Ghetto und etwas Brot kaufen. Dann sagte sie mir noch, wo ich hingehen muss und dass ich einfach versuchen soll, durch die Wachen hindurch zu gehen. »Du darfst keine Angst zeigen und wenn du angesprochen wirst, dann sei höflich und sage „Bitte" und „Danke".« Mein Vater war schon sehr schwach vor Hunger, also dachte ich, ich mache das für ihn und kaufe draußen etwas Brot.

Ich weiß nicht mehr, ob ich gefragt wurde, woher ich das Brot hatte. Aber als ich damit nach Hause kam, war es für mich wichtig, dass ich es nicht für mich, sondern für Papa geholt hatte.

Dort, wo ich das Brot gekauft habe, wusste der Mann bestimmt, dass ich ein jüdisches Kind war. Ganz bestimmt. Einmal hat er mir statt einem Brot zwei Brote gegeben und ich habe mich gefreut. Mit den Broten kam ich drei Minuten zu spät ins Ghetto. Im Ghetto gab es eine jüdische Polizei und ein jüdischer Polizist hat mich geschlagen und mir die Brote weggenommen.

Das war das erste Mal, dass ich geschlagen wurde. Er hat mir nicht eines der Brote gelassen. Ein jüdischer Polizist! Ich habe geweint. Ich wusste nicht, soll ich nach Hause gehen oder nicht. Was würden meine Eltern sagen? Dann ging ich nach Hause und meine Eltern sagten, »das war das letzte Mal.« Und es war das letzte Mal.

An·ti·se·mi·tis·mus
An|ti|se|mi|tis|mus

Substantiv, maskulin [der]
Eine seit der Aufklärung entstandene
Judenfeindlichkeit.
Politische Bewegung mit ausgeprägt
antisemitischen Tendenzen.
Funktion als politische Ideologie.
Das Wort stand 1934 erstmals im
Rechtschreibduden.

An·ti·zi·o·nis·mus
An|ti|zi|o|nis|mus

Substantiv, maskulin [der]
Ablehnende Haltung gegenüber dem Zionismus.
Der Antizionismus spricht Israel das
Existenzrecht ab.
Eine solche Position läuft auf die Aufhebung
einer gesicherten Zufluchtsstätte für die Juden
und eine damit verbundene Verfolgung hinaus.

Die älteren Kinder hatten unterhalb des Ghettos angefangen, Tunnel von Tür zu Tür zu bauen. Meine Schwester hat mich manchmal mitgenommen und die Älteren haben uns unterrichtet. Aber die Tunnel blieben nicht lange. Jemand muss sie verraten haben oder sie wurden von der Polizei oder den Soldaten gefunden. Denn sie waren auf einmal nicht mehr da.

Im Ghetto gab es keine Schule, nichts zu essen, nichts zum Anziehen und immer Angst als Begleiter. Es gibt immer gute und schlechte Menschen. Viele Juden haben mit den Deutschen kooperiert. Aber ich verurteile sie nicht, denn jeder wollte überleben und seine Kinder schützen.

Eines Tages nahm mich mein Papa auf seinen Schoß und sagte, »Mama und ich haben beschlossen, du musst jetzt zu deiner älteren Schwester.« Meine älteste Schwester lebte mit ihrem Mann weit außerhalb von Częstochowa.

Wo sie lebte, war es noch nicht so schlimm wie bei uns. Es gab nichts mehr zu essen. »Bei deiner Schwester wird es dir etwas besser gehen« sagte mein Papa. »Es wird ein Mann kommen und er wird mit uns über die Grenze gehen. Du darfst dann nicht weinen, denn wenn die Deutschen uns hören, erschießen sie uns.«

Ich habe nicht nachgefragt. Meine Eltern hatten es so beschlossen. Dann kam der Mann, um uns abzuholen. Ich weiß nicht, wie lange wir durch die Wälder gelaufen, gegangen und gerannt sind, aber irgendwann sind wir bei meiner Schwester angekommen.

Mein Papa ist dann gleich wieder mit dem Mann zurück nach Częstochowa gegangen. Meine Schwester hat mich sehr gut aufgenommen und ist am nächsten Tag los, um mir neue Schuhe und Kleider zu besorgen. Meine Schwester lebte allein mit ihrem Baby. Ihr Mann war zu der Zeit schon in ein Arbeitslager deportiert worden, und ich hatte noch nie zuvor so ein kleines Kind gesehen.

Get·to, Ghetto
/'gɛto,Gétto,Ghétto/

Abgeschlossenes Stadtviertel, in dem die
jüdische Bevölkerung abgetrennt von der
übrigen Bevölkerung leben muss.
Stadtviertel, in dem diskriminierte
Minderheiten abgesondert werden.
Bezirk, aus dem sich jemand nicht entfernen darf.

De·por·ta·ti·on
/Deportatión/

Substantiv, feminin [die]
Zwangsverschickung, Verschleppung, Verbannung
von Verbrechern, unbequemen politischen Gegnern
oder ganzen Volksgruppen mit staatlicher Gewalt.
„Deportation der Häftlinge in ein Arbeitslager"

Es war an einem Sonntag. Meine Schwester war mit ihrem
Kind Wäschewaschen gegangen, als eine Nachbarin zur
Tür hereinkam und sagte, ich soll mich verstecken. Ich
fragte, »warum?« Sie sagte, »eine Razzia.« Ich fragte,
»was ist eine Razzia?« Sie sagte, »die Deutschen jagen
jüdische Frauen.« Ich war damals gerade erst dreizehn
geworden und ich hatte davon noch nichts gehört. Auch
nicht, dass sie so junge Mädchen nehmen. Da habe ich
mich unter dem Bett versteckt. Kurz darauf hämmer-
ten zwei Deutsche gegen die Tür. Boom, Boom, Boom.
Ich rührte mich nicht, aber sie haben mich schnell gefunden
und etwas auf Deutsch geschrien. Ich wusste nicht, was sie
wollten. Dann haben sie mit ihren Waffen gestikuliert, dass
sie mich erschießen, wenn ich nicht mitgehe. Ich wollte meinen Mantel nehmen, aber den durfte ich nicht mitnehmen.
Es war Januar und ich wurde nur in einem Kleid aus dem
Haus gejagt. Auf der Straße waren schon andere Mädchen.
Alle älter als ich und wir wurden zusammengetrieben.
Sie setzten Hunde ein. Ich habe bis heute noch Angst vor
Hunden.

Niemand erklärte mir, was los war und ich weinte und
wollte nach Hause. Da hörte ich meine Mutter nach mir
rufen. Sie war wie ich aus dem Ghetto geflohen. Sie stand
in einem Hauseingang und rief nach mir. Ich drängte mich
durch die anderen Frauen durch, um sie besser zu sehen.
Und ich rief ihr zu, »Mama weine nicht, wir fahren nur arbeiten, aber mich werden sie nicht nehmen.« Das war das
letzte Mal, dass ich meine Mutter gesehen habe.

Ich war damals noch so jung. Ich weiß nicht, wie lange wir
da standen, aber dann gab es wieder einen Schrei und meine
Schwester tauchte auf. Sie sagte, »merk dir das deutsche
Wort, Ersatz. Dann nehmen sie mich statt dich mit. Die
Arbeit ist zu schwer und du bist zu jung dafür.« Aber ich
habe »Nein« gesagt. Denn wenn ihr Mann wiederkommt
und ich bin statt ihrer da, wäre er sicher böse geworden
und sie hatte ja auch noch ihr Kind. Ich bereue bis heute,
dass wir die Plätze nicht getauscht haben. Dann hätte sie
überlebt und nicht ich.

Deportationsstrecke

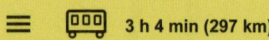

≡   🚃   3 h 4 min (297 km)

○   Częstochowa, Polen

⋮

📍   Arbeitslager Groß-Rosen,
     Niederschlesien, heute Polen

📍
KZ-Groß-Rosen

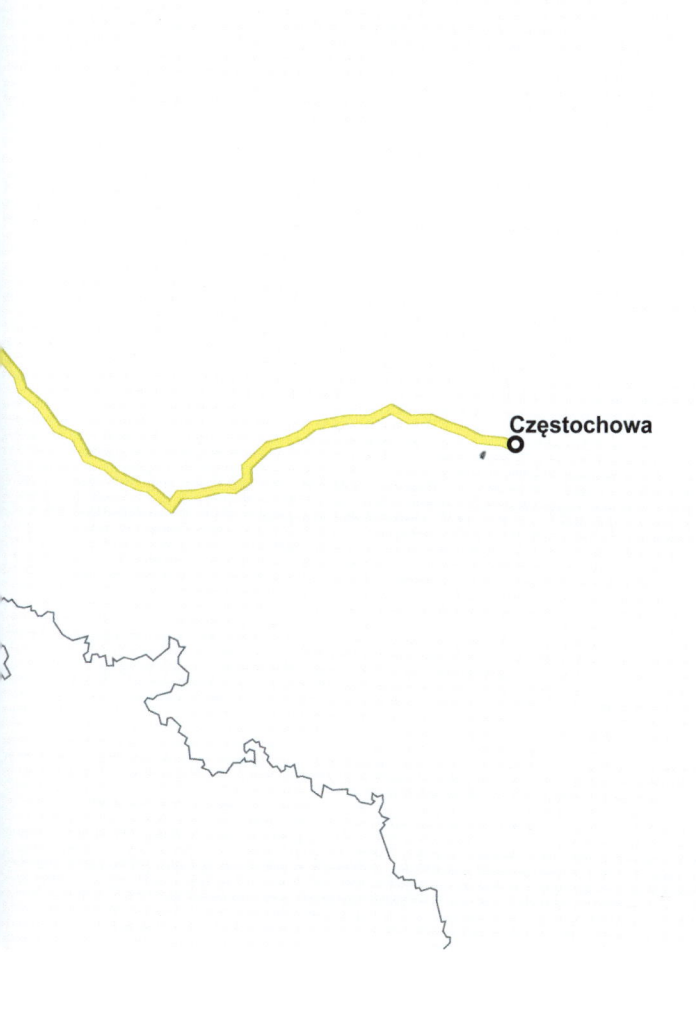

Częstochowa

Ich wurde mit den anderen Frauen in einen Zugwaggon gejagt. Der war nicht für Menschen, sondern für Tiere. Das war das erste Mal, dass ich in einem Zug war. Wir wussten nicht, wo wir hinfuhren. Ich wusste nicht, wo ich war. Das wusste ich auch für die nächsten Jahre nicht. War ich noch in Polen oder in einem anderen Land? Das wurde uns nie gesagt. Ich wusste nicht, was mit uns passieren wird. Wollen die Deutschen uns auffressen?

Es war voll im Waggon, aber still. Keine hat etwas gesagt und niemand hat sich getraut, sich zu rühren. Ich habe in dem Moment an Gespenster geglaubt. Alles, was zu hören war, war das Geräusch des fahrenden Zuges. Wie lange oder wie weit wir fuhren, wusste ich nicht. Ein paar Mädchen fingen an zu tanzen, sich hin und her zu bewegen. Ich wusste erst nicht, was los war. Sie mussten auf Toilette, aber es gab keine. Ich verstand immer noch nichts. Ich verstand auch nicht, dass ich nicht mehr nach Hause kommen würde. Ein Mädchen konnte etwas Deutsch und sagte uns das Wort für Wasser. Wir waren noch sehr naiv. Wir dachten, wenn wir anfangen, nach Wasser zu rufen, dann würden sie kommen und uns Wasser bringen. Erst passierte nichts. Aber wir hörten nicht auf zu rufen, bis der Zug stehenblieb und ein deutscher Soldat die Waggontür öffnete. In seiner Hand ein Eimer Wasser. Aber den hat er genommen und über uns ausgeschüttet. Dann fingen die Mädchen an, die Mädchen abzulecken, die das Glück hatten, überschüttet worden zu sein. Ich war nicht getroffen worden. Und dann fuhr der Zug weiter, ohne Klo, ohne Wasser und es war wieder ganz still geworden.

Kon·zen·t·ra·ti·ons·la·ger
Kon|zen|tra|ti|ons|la|ger

Lager, in dem Gegner des nationalsozialistischen
Regimes sowie Angehörige der als minderwertig
erachteten Völker unter menschenunwürdigen
Bedingungen gefangen gehalten [und in großer
Zahl ermordet] wurden.
Verschleppte leiden unter Hunger, Peitschenhieben
und schwerster Zwangsarbeit.
Vernichtung durch Arbeit zum Profit deutscher Firmen.
Mehr als sechs Millionen Juden und Jüdinnen sind
Opfer der deutschen Massenvernichtung geworden.

Wo bin ich? Warum ich?

Der Zug fuhr weiter und weiter, bis er erneut stehen blieb und wir aus dem Zug gejagt wurden. Alles nur auf Deutsch. »Schnell. Schnell.«

Wir waren im Arbeitslager Groß-Rosen bei Wolta angekommen. Dann kam eine Frau. Sie hat auch nur Deutsch gesprochen und jagte uns mit einer Peitsche in eine Baracke. Die Baracke wurde hinter uns abgeschlossen. Immer noch keine Toilette. Am nächsten Tag kam die Wärterin wieder und sah oder viel mehr roch, was passiert war. Sie war sauer auf uns. Aber was hätten wir anderes tun können. Die Tür war ja verschlossen. Wir mussten alles sauber machen und wurden dann in eine andere Baracke getrieben.

Wieder war alles nur auf Deutsch und noch konnten wir sie nicht verstehen. Im neuen Raum hat uns die Wärterin das deutsche Wort für Peitsche beigebracht, indem sie sie benutzte. Das ging so lange, bis wir alle nur noch Peitsche schrien. Dann wurden wir weiter gejagt. Immer wurden wir gejagt, bis wir in eine Fabrik kamen. Da stand ein Mann vor uns und hat wieder etwas gesagt, was keine von uns verstand. Dann rief er wieder etwas und eine Frau kam, die uns das Gesagte übersetzte.

Wir sollten unser Zuhause vergessen. Wir sind jetzt verheiratet mit der Fabrik und unsere Männer sind jetzt die Maschinen.

Am nächsten Tag mussten wir anfangen zu arbeiten.

Einmal habe ich auf dem Boden ein Stück Zeitung gesehen, etwas zu lesen. Ich hatte mich sehr darüber gefreut. Es war schon lange her, dass ich etwas zu lesen hatte. Ich bückte mich zu dem Stück Zeitung, aber hinter mir stand auf einmal diese furchtbare Wärterin. Sie schlug mich sehr hart und ich musste meinen Arbeitsplatz wechseln.

Ich habe gearbeitet wie ein Mann. Niemand durfte reden. Mir musste ein Hocker hingestellt werden, damit ich überhaupt arbeiten konnte, weil die Maschine viel zu groß für mich war. Aber diese Arbeit war noch sehr viel besser als das, was später kam.

Wir durften aus dem Arbeitslager einmal im Monat nach Hause schreiben. Aber alles war schon vorgeschrieben. Da stand immer: mir geht es gut, die Arbeit ist gut, alles ist gut hier. Das Einzige, das von uns persönlich stammte, war unsere Unterschrift. Und wir haben auch einmal im Monat etwas geschickt bekommen von zu Hause. Das war noch ein Kontakt.

Mein großes Glück im Arbeitslager war, dass ich noch so klein war. So haben die großen Mädchen auf mich aufgepasst. Ich habe auch nicht verstanden, warum ich nicht sagen darf, dass ich Hunger habe. Warum nicht? Ich war doch hungrig.

Ich war damals 14 Jahre alt.

Dann kam die SS. Alle zwei Wochen durften wir unter die Dusche. Ich war jetzt schon 15 Jahre alt. Da kam die Wärterin in die Duschen und rief, »alle raus.« Ich sagte, »aber ich bin nackt.« »Raus! Raus! Raus!«

So mussten wir in einen anderen Raum. Erst waren da keine anderen Mädchen. Es war sehr kalt. Was passiert jetzt mit mir?

Dann kamen ganz langsam andere Mädchen in den Raum, alle nackt. Vor uns standen in einer Reihe SS-Männer und wir mussten langsam und nackt an ihnen vorbeigehen. Ich war die Letzte, die in den nächsten Raum gerufen wurde. Da saß ein Mann in einem Kittel und deutete auf einen weißen Kreis auf dem Boden. Ich sollte mich da hineinstellen und mich langsam drehen, während er Notizen machte. Er entschied, wer von uns leben durfte und wer nicht. Im nächsten Raum standen wir immer noch nackt. Zu der Zeit verstanden wir alle schon etwas Deutsch. Dann trat ein SS-Mann vor uns und sagte, vergesst alles, woher ihr kommt und eure Namen. Dann gab er jeder von uns eine Nummer. Und wehe, ihr vergesst sie. Ich war Nummer 34803.

So wurde aus dem Zwangsarbeitslager das Frauenkonzentrationslager. Und wir mussten jetzt täglich zwölf Stunden arbeiten, nicht mehr acht.

Einmal kam ein Mann mit weißem Kittel in die Fabrik. Er sah aus wie Gott. Ich weiß nicht, was in mich gefahren ist, aber ich bin aufgestanden und zu ihm gegangen. Er sah mich an und ich sagte, »ich will nicht mehr arbeiten.« »Warum willst du nicht arbeiten« fragte er. Daraufhin sagte ich, »weil ich hungrig bin.« »Bekommst du denn kein Essen?« »Doch, aber zu wenig.« »Bekommen die anderen mehr?« »Nein, aber sie trauen sich nicht, etwas zu sagen.«

Das habe ich nach der Arbeit den anderen Mädchen erzählt. Sie fragten mich, warum ich das getan habe. Sie sagten, »du willst doch leben, du willst doch wieder nach Hause, du darfst so was nicht sagen.« Aber es war zu spät. Ich hatte es ja schon gesagt. Dann wurde ich gerufen und ich musste zu einer anderen Aufseherin. Sie saß an einem runden Tisch und fragte mich, »hast du Hunger, hast du mit dem Direktor gesprochen?« Ich sagte »ja.« »Hast du immer noch Hunger?« »Ja« sagte ich. »Dann friss« sagte sie. Und vor mir stand ein großer Kuchen. »Dann friss alles auf.«

Ich habe aber nicht einmal das erste Stück geschafft. Was ich essen wollte, wollte wieder raus. Ich hätte den ganzen Kuchen und den Tisch dazu essen können, so hungrig war ich. Aber es ging nicht.

Die Frau hat mich nicht geschlagen, sie saß nur neben mir und sah mir belustigt dabei zu, wie ich versuchte, den Kuchen zu essen.

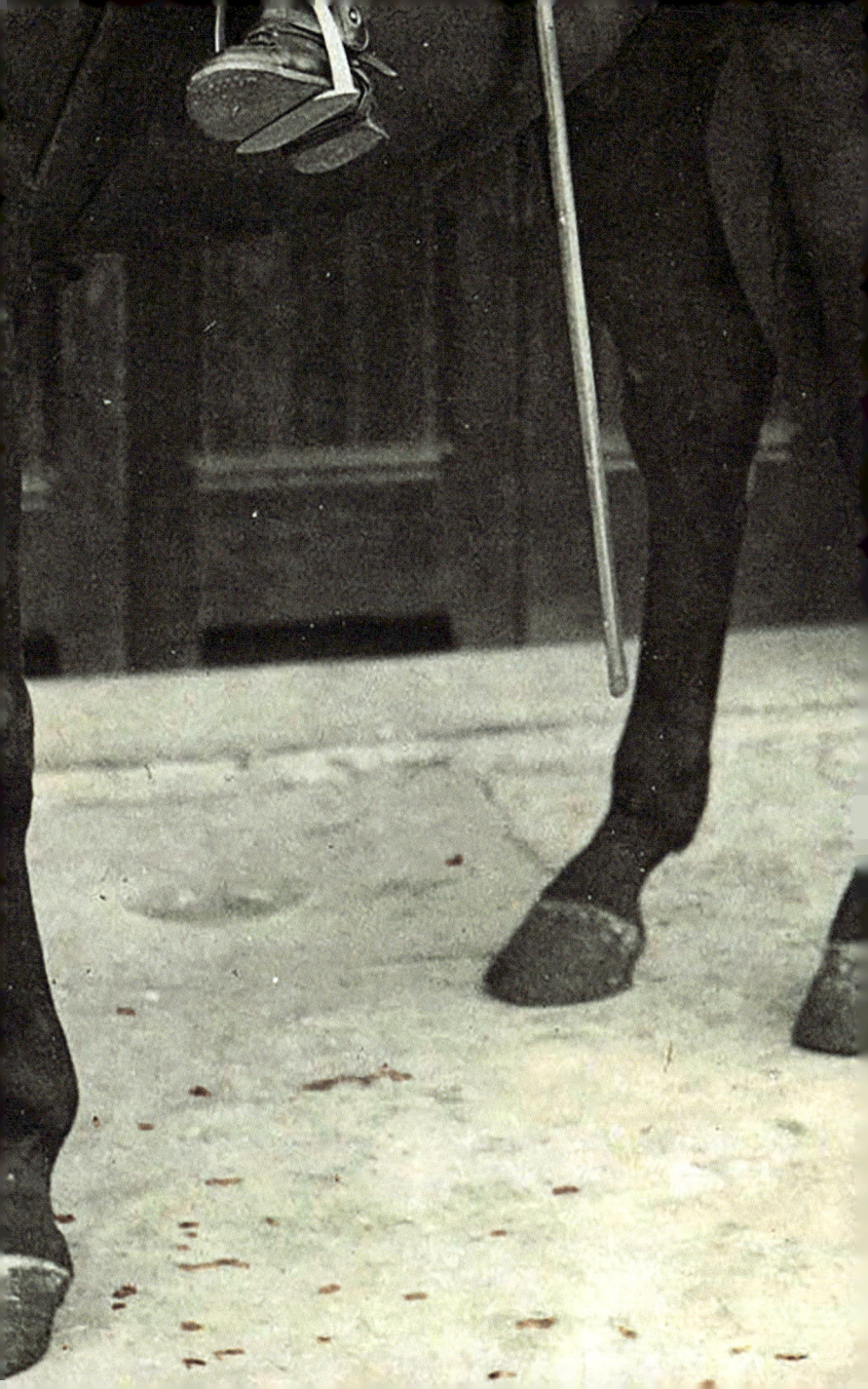

Die Aufseherinnen waren schlimmer als die Männer dort. Wehe, eine von uns fragte etwas. Sie zogen uns an den Haaren und schlugen uns. Einmal im Sommer, ich wusste schon lange nicht mehr, welcher Monat es war, aber es war schon warm, wurden wir alle aus der Fabrik geschickt.

Dann kam ein SS-Mann auf einem Pferd angeritten und hat gesagt, man solle ihm eine Schüssel und ein Messer geben. Eines der Mädchen hatte eine Kartoffel gestohlen. Der Mann hat das Mädchen zu sich gerufen und ihr vor unseren Augen den Fuß abgeschnitten.

Ich war schockiert. Wir alle waren schockiert. Es gibt Bilder, die vergisst man nie. Nie.

Als ich mit 44 Jahren einmal im Krankenhaus war und aufwachte, habe ich die Krankenschwester voller Angst angeschaut und gefragt, ob ich meine Füße noch habe.

Zeit·raum
Zeit|raum

Substantiv, maskulin [der]
Zeitabschnitt des Lebens, der Geschichte
[einschließlich der herrschenden Verhältnisse].
Zeit; Ablauf, Nacheinander, Aufeinanderfolge
der Augenblicke, Stunden, Tage, Wochen, Jahre.

Zeit·ver·lust
/Zeítverlust/

Substantiv, maskulin [der]
Verlust an verfügbarer Zeit.

4. Dezember 1927 Sara Bialas wird als Stefania Sliwka in Częstochowa geboren.

1. September 1939 Trotz „Hitler–Stalin–Pakt" greift Deutschland Polen an.

3. September 1939 Sara verbringt den Sonntag mit ihrer Familie.

4. September 1939 Großbritannien und Frankreich erklären dem Deutschen Reich den Krieg, zunächst ohne militärischen Eingriff.

4. – 6. September 1939 Das Częstochowa-Massaker, begangen am 4. Tag des Zweiten Weltkrieges, ist auch bekannt als „blutiger Montag". Es wurden schätzungsweise 1140 Polen und Polinnen ermordet, darunter nicht nur Juden. Der Pogrom ging drei Tage lang.

17. September 1939 Die Sowjetarmee marschiert in Polen ein.

21. September 1939 Die Besetzung Polens durch die Deutschen beginnt. Es werden Sperrgebiete und Ghettos für polnische Juden und Jüdinnen eingerichtet.

23. April 1940 Das Ghetto in Częstochowa entsteht.

10. Juni 1940 Das faschistische Italien erklärt Frankreich und Großbritannien den Krieg.

14. Juni 1940 Die Wehrmacht besetzt Paris.

15. – 17. Juni 1940	Die Rote Armee besetzt Litauen, Estland und Lettland.
2. August 1940	Das Konzentrationslager Groß-Rosen wird in Niederschlesien im heutigen Polen errichtet. Zwischen 1940 und 1945 waren im KZ Groß-Rosen etwa 130.000 Menschen inhaftiert, davon wurden rund 40.000 ermordet.
13. August 1940	Die deutsche Luftwaffe beginnt Großangriffe gegen die britischen Inseln.
27. September 1940	Dreimächtepakt zwischen Deutschland, Italien und Japan wird geschlossen. Auch Achse Berlin-Rom-Tokio genannt.
1941	Das Zwangsarbeiterlager Gabersdorf in der Tschechoslowakei zur Internierung von jüdischen Frauen wird errichtet. Die Frauen verrichten u.a. Arbeiten für die Textilfabriken von Hasse & Co., Etrich und Vereinigte Textilwerke K. H. Barthel.
22. Juni 1941	Die deutsche Wehrmacht greift die Sowjetunion an.
1941	Sara wird mit 13 Jahren in das Zwangsarbeiterlager Groß-Rosen deportiert.
7. Dezember 1941	Japan bombardiert den US-Stützpunkt Pearl Harbor. Vier Tage später erklären auch Deutschland und Italien den USA den Krieg.

September 1942	Auflösung des Ghettos in Częstochowa. Etwa 40.000 Menschen, darunter Saras Eltern, werden in das Vernichtungslager Treblinka deportiert und vergast.
März 1944	Das Zwangsarbeiterlager Gabersdorf wird zum Außenlager von Groß-Rosen.
6. Juni 1944	Die Alliierten landen in der Normandie und eröffnen die Westfront.
21. September 1944	Besetzung Aachens durch die US-Armee als erste deutsche Stadt.
16. April 1945	Sowjetische Truppen beginnen den Angriff auf Berlin.
Anfang 1945	Konzentrationslager werden von der SS geräumt, Gefangene in andere Lager deportiert oder auf Todesmärsche geschickt. Viele der entkräfteten Häftlinge sterben oder werden erschossen.
30. April 1945	Selbsttötung Hitlers.
7. Mai 1945	Bedingungslose Kapitulation der Wehrmacht, die am Folgetag in Kraft tritt.
9. Mai 1945	Sara wird aus dem KZ Gabersdorf befreit.
Mai 1945	Sara schafft es, über Umwege Wochen später nach Częstochowa zurück.
Kriegsende 1945	Weltweit verloren mehr als 50 Millionen Menschen ihr Leben.

Zeitstrahl

S. 51

[2] DP-Lager waren Einrichtungen zur vorübergehenden Unterbringung sogenannter Displaced Persons nach dem Ende des Zweiten Weltkriegs in Deutschland, Österreich und Italien.

6. August 1945	USA werfen Atombomben auf Hiroshima und am 9. August auf Nagasaki ab.
2. September 1945	Endgültiges Ende des Zweiten Weltkrieges mit der Kapitulation Japans.
20. Nov. 1945 – 1. Okt. 1946	Nürnberger Prozess gegen die NS-Hauptkriegsverbrecher.
Ende 1945	Sara gelangt mit ihrem Mann nach Bayern in ein DP-Lager.[2] Geburt ihres ersten Sohnes.
1947	Marshall-Plan zur Unterstützung des Wiederaufbaus für Deutschland tritt in Kraft.
1947	Sara wandert mit Mann und Kind nach Paris zu Verwandten aus, welche sie aufnehmen.
14. Mai 1948	Gründung des Staates Israel.
1948	Sara siedelt mit Mann und zwei Söhnen nach Israel über.
23. Mai 1949	Das deutsche Grundgesetz tritt in Kraft; Gründungsdatum der BRD.
7. Oktober 1949	Verabschiedung der Verfassung der DDR; Gründungsdatum der DDR.
1961	Sara verlässt mit Mann und zwei Söhnen ihr „gelobtes Land" und zieht nach Ost-Berlin.
Freitag, 21.12.2018	Mein (Lena) erstes Treffen mit Sara.

Wir haben noch am 9. Mai 1945 bis mittags gearbeitet. Die Lagerführerin war da irgendwie fast menschlich. Die Aufseherinnen trugen plötzlich Zivilkleidung und keine Uniformen mehr. Dann wurden wir von der „Roten Armee" befreit. Am Spätnachmittag, ein Knall, und wir waren frei! Es hat so laut geknallt. Die sowjetischen Soldaten hatten das Tor gesprengt und wir durften raus. Wir haben erst gar nicht verstanden, dass wir jetzt gehen können, dass wir raus können! Da hat mich ein Soldat auf den Panzer gehoben und mir eine Zigarette gegeben. Ich war es gewohnt, Angst zu haben und alles zu machen, was man mir sagt, also habe ich die Zigarette genommen. Mir ist schlecht davon geworden und so hat die Zigarette mir mein Leben gerettet. Die übrigen Mädchen haben alles gegessen, was sie gefunden haben und das war für manche der Tod. Unsere Mägen waren solches Essen nicht gewohnt und einige Mädchen sind gestorben.

Wir durften endlich nach Hause, aber wo war unser Zuhause? Wir wussten immer noch nicht, wo wir waren. Wie sollten wir nach Hause kommen? Aber ich wollte nach Hause, ich wollte unbedingt nach Hause. Ich habe mich mit zwei anderen Mädchen auf den Weg gemacht. Aber wir wussten nicht, wie wir fahren sollten. Also haben wir uns einfach in den ersten Zug gesetzt und sind losgefahren, mal hierhin, mal dorthin. Ich weiß nicht mehr, wie lange wir so hin- und hergefahren sind. Mal sind wir einen Teil gelaufen und dann wieder gefahren.

Dann habe ich den beiden Mädchen davon erzählt,
was meine Mama mir einmal erzählt hat. Wenn man
auf Reisen ist, dann braucht man immer eine Kerze.
»Eine Kerze? Wofür die Kerze« fragte die eine. Aber das
wusste ich auch nicht mehr. Ich wusste nur, dass meine
Mama mir davon erzählt hatte. Eines der beiden Mädchen, Roza, hat dann irgendwoher eine Kerze und Streich-
hölzer aufgetrieben. So standen wir zu dritt, ich mit der
Kerze in der Hand, als ein russischer Offizier zu uns
gesehen hat. Er hat uns dann den ganzen Weg nach Hause
weiter begleitet. Wir drei waren aber natürlich nicht aus
der gleichen Stadt, aber wir hatten uns versprochen, wenn
wir unsere Eltern gefunden haben, dann setzen wir uns alle
wieder zusammen und erzählen uns, was passiert ist. Und
ich sagte zu Roza, »Roza, von jetzt an werde ich meinen
Eltern eine sehr gute Tochter sein.«

Ich habe Częstochowa nicht wiedererkannt.

Am Straßenrand stand ein Mann und ich bin zu ihm gelaufen und habe gefragt, ob es in Polen noch ein Częstochowa gibt. Er sagte »nein, kommst du von hier?« »Ja, ich bin hier geboren.« »Wo hast du gewohnt?« »Im Ghetto« sagte ich, denn unser Haus war ja abgebrannt. Der Mann gab mir eine Wegbeschreibung zum Ghetto, aber ich fand es nicht. Dann wurde es langsam dunkel, ich hatte Angst, ich hatte Hunger und fing an zu weinen. Und ich wusste nicht, was ich machen soll.

Ich stand auf der Straße, als eine Frau auf mich zukam. »Was machst du hier?« fragte sie. Ich sagte, »ich suche meine Eltern, ich weiß nicht, wo sie sind.« Sie ist einfach weggegangen. Etwas später kam eine zweite Frau auf mich zu. »Du hast kein Zuhause und wirst kein Zuhause haben, aber wenn du dich zum Katholizismus bekennst, kannst du meinen Sohn heiraten und bei uns wohnen.« Ich fing wieder an zu weinen.

Eine dritte Frau kam zu mir, sie hat nicht viel gesagt, mir aber den Weg zu einer jüdischen Gemeinde beschrieben. »Aber du musst dich beeilen, die Gemeinde schließt bald.« Ich bin losgerannt und als ich dort ankam, ließen sie mich nicht hinein. So stand ich wieder weinend vor der Gemeinde, als eine Person zu mir sagte, das ist nur für Juden. »Aber ich bin doch jüdisch« sagte ich zurück. »Nein.« »Doch.« »Du siehst aber nicht jüdisch aus.« Und dann fiel mir ein, dass ich lesen und schreiben gelernt hatte. Dann sollte ich mit in die Gemeinde und beweisen, dass ich jüdisch bin.

In der Gemeinde bekam ich dann eine Liste mit Namen und ich habe nach meinem Papa gesucht. Aber ich habe keinen Sliwka gefunden. Ein Mann trat zu mir und sagte, die Gemeinde schließt bald. Und dann sah ich einen Sliwka, David auf der Liste stehen und ich dachte, ich gehe dahin und sage, ich bin auch eine Sliwka, vielleicht sind das Verwandte.

Ich bin nicht gegangen, sondern nur noch gerannt. Die ganze Zeit. Als ich einmal zum Luft holen stehen blieb, kam ein alter Mann mit Bart aus einem Haus. Für mich war Gott immer ein älterer Mann mit langem Bart gewesen. »Warum weinst du, Kind?« Bei dem Wort Kind, ich weiß nicht, was mit mir passiert ist, aber ich habe ihm alles erzählt. »Und hast du es noch weit?« »Ein bisschen.« »Wenn du da bist und sie dich nicht aufnehmen, dann komm wieder hierher und ich nehme dich auf.« Damit war alles wieder gut. Auch wenn das nicht meine Verwandten waren, dann würde ich einfach zu dem alten Mann gehen, er würde mir nichts Böses tun.

Dann kam ich zu dem Haus der Adresse und klopfte. Mein Cousin machte die Tür auf und fragte, was ich will. Ich stand da und wusste nicht, was ich sagen soll. »Du hast doch geklopft, also willst du etwas.« »Ich heiße auch Sliwka«, sagte ich. »Ahh, du bist doch meine Cousine. Komm rein.«

Ich hielt das erste Mal seit Langem wieder Seife in der Hand, durfte mich wieder richtig waschen und bekam neue Kleider. Mein Onkel, den ich später traf, fragte, ob ich bei ihm und seiner Frau leben möchte und ich sagte ja.

Er war auch der erste, der mit mir darüber gesprochen hat, warum Kriege entstehen und Menschen böse sind. Das hat mir sehr gut getan. Sonst hat niemand mit mir geredet und er hat mich getröstet. Aber seine Frau konnte es nicht ertragen, mich anzusehen. Sie hatte eine Tochter im gleichen Alter wie ich, aber sie hatte nicht überlebt. Ich traute mich nicht zu ihr.

Ich habe noch sehr lange meine alten Schuhe getragen,
obwohl sie nicht mehr gepasst haben. Als ich später Roza
besuchte, hat sie zu mir gesagt, »komm, wir gehen dir jetzt
Schuhe kaufen, keine neuen, aber welche, die passen.«
Ich habe ihr nicht widersprochen. Wenn jemand älter war,
dachte ich damals immer, muss die Person viel schlauer
sein als ich und Roza war ja drei Jahre älter. Wir sind
dann zu einem Schuhladen und Roza hat für mich Schuhe
ausgesucht.

Aber kein Paar hat gepasst, ich habe dann zwei ver-
schiedene Schuhe genommen, die gepasst haben. Sie waren
sich ähnlich, aber nicht gleich.

Ich konnte wieder ganz normal gehen.

Meine mittlere Schwester wurde erschossen. Es war im Winter, abends durften wir keine Schuhe mehr im Ghetto tragen und sie war außerhalb vom Ghetto, als ein deutscher Soldat sie gesehen hat, und weil sie ohne Schuhe draußen war, dachte er, das kann nur eine Jüdin sein und hat sie erschossen. Eine Frau, die an ihr vorbeikam, hat in ihre Taschen gegriffen und ein Foto von ihr gefunden. Mit dem Foto ist sie dann vor die Juden im Ghetto getreten. So ist das Bild zu meinem Onkel gekommen.

Was mit meiner ältesten Schwester und ihrem Baby passiert ist, habe ich nie herausbekommen. Bis heute weiß ich es nicht.

[1] Vernichtungslager Treblinka. Menschen wurden unmittelbar aus den Zügen in Gaskammern geschickt. Es gab keine Tätowierungen, keine Lager mit Holzpritschen, keine Läuse, keine harte Arbeit.

Meine Eltern kamen nach Treblinka.[1]

Vor zwei Wochen bin ich aufgewacht, weil ich geträumt habe, ein SS-Mann hätte meinen Sohn im Wasser ertränkt. Es ist nicht vorbei.

ugust bis
eptember 2018

SCHÜTZE 23.11.–21.12.

Kindheitserfahrungen begleiten uns ein Leben lang, sind mal mehr, mal weniger bewusst – und haben immer Einfluss auf unsere Psyche. Aktuell bringt Neptun in Erinnerung, was Sie einst getragen hat, und was Sie vermisst haben. Wichtige Erkenntnisse! Wer sich eher unbehaust fühlt, sollte darüber nicht hinweggehen, sondern akzeptieren, dass es eben so ist. Neptun-Jupiter treiben Sie ohnehin weiter und wecken Ihre Abenteuerlust.

STEINBOCK 22.12.–20.1.

Saturn lenkt den Blick auf das, was die Seele auftanken und zu ihrer Harmonie zurückfinden lässt. Innehalten lautet das Gebot der Stunde, denn wer

Ich muss noch sagen, dass ich sehr viel Glück mit meinen
Freunden und meiner Familie hatte, vor allem mit Karin
Weimann. Ich habe zwei Söhne, vier Enkelkinder und acht
Urenkel.

Tenenberg kannte ich schon vor dem Krieg. Er hatte wie ich überlebt. Er kam zu meinem Onkel zu Besuch und fragte ihn, ob er mit mir spazieren gehen kann. Er dachte, ich wäre meine mittlere Schwester.

Bei dem Spaziergang sagte er zu mir, »du hast niemanden mehr und ich auch nicht. Lass uns heiraten.« Ich sagte »Nein, das kann ich nicht.« »Warum nicht?« »Als meine ältere Schwester geheiratet hat, waren meine Eltern dabei gewesen und jetzt waren sie nicht mehr da.«

Beim nächsten Treffen sagte er, »unsere Eltern werden nicht wiederkommen, aber wir müssen weiterleben.« Ich sagte, »ich kann dich nicht heiraten, weil ich nicht kochen kann.« »Aber ich kann kochen« sagte er. Ich hatte meinen Papa vielleicht einmal in der Küche gesehen. Aber meine Antwort war wieder »Nein.«

Nach ein paar Monaten kam er wieder und wir gingen dieses Mal nicht da spazieren, wo das Ghetto war, sodern entlang der großen Alleen in Częstochowa und er hat mich wieder gefragt, ob ich ihn heiraten möchte. Ich sagte wieder »Nein«, denn ich hatte gelesen, dass, wenn man heiratet, dann muss man die andere Person liebhaben. Und ich sagte zu ihm, »ich hab dich nicht lieb.« Er sagte, »du bist ein kluges Kind, schau dich hier um, wie viele Männer hier herumlaufen, du kannst nicht alle liebhaben, denn sie sind dir fremd. Ich bin dir auch fremd, aber wenn wir heiraten, dann lernen wir uns besser kennen.« Dann habe ich gedacht, er hat recht, also sagte ich »Ja.«

Bei der Trauung wurde ich nicht einmal gefragt, ob ich will oder nicht, das war beschlossene Sache. Ich kannte das ganze Zeremoniell nicht. Ich wusste auch nicht, was es bedeutet, verheiratet zu sein. Ich wusste nicht, was er danach noch alles von mir will und so haben wir uns in der Hochzeitsnacht nicht geliebt, sondern geschlagen.

³ Cooperative for American Remittances to Europe-Pakete sind Nahrungsmittelpakete, welche im Rahmen von amerikanischen Hilfsprogrammen nach Europa geschickt wurden.

Wir waren schon in Bayern im DP-Lager, als ich auf der Straße ein Mädchen aus dem KZ traf. Lola hieß sie. Lola fragte mich, »wo wirst du das Kind zur Welt bringen?« Ich fragte, »Lola, was redest du da?«

Es ist vielleicht zum Lachen, aber ich wusste nicht, dass ich schwanger war. Das wusste ich einfach nicht. Mir wurde das nicht beigebracht, ich wurde nie aufgeklärt. Einmal im KZ habe ich ein Mädchen sagen hören, sie würde ihr Leben für eine Nacht mit einem berühmten Sänger geben. Das habe ich damals nicht verstanden und als ich nachfragen wollte, wurden mir nur die Ohren zugehalten.

Ich hatte mich nur darüber gefreut etwas zuzunehmen. Das war alles. Dann hat Lola mich an die Hand genommen und ist mit mir zu einem Arzt gegangen.

Dann war es, wie es war. Ich wurde in eine sehr gute Klinik gebracht. Später kam die Krankenschwester und legte mir etwas hin. Ich wusste nicht, was das sein soll. Nehmen Sie das weg, sagte ich. Ich wusste nicht, dass das mein Kind ist. Ich dachte, wenn das Kind wieder zurück will und noch einmal rauskommt, dann würde ich das nicht überleben.

Die Krankenschwester hat mich gefragt, wie alt ich sei. Ich war 19 Jahre alt. Am nächsten Tag um sieben Uhr kam mein Mann, er hatte weder eine Blume, noch gab es ein Schalom. Er sagte, »hast du es gesehen?« Ich sagte, »Ja, das nehmen wir nicht mit nach Hause. Das ist nicht normal.«

Ich habe wieder angefangen zu weinen.

Die Krankenschwester fragte mich, ob mir mein Mann Blumen mitgebracht hat und ich sagte »Nein.« Sie hat ihn dann rausgeschickt und ihn gefragt: »Sie haben eine so junge und gesunde Frau und kommen ohne Blumen hierher?« Als Tenenberg ins Krankenhaus kam, wusste er von nichts. Er hatte wie ich noch nie ein so kleines Baby gesehen. Für uns sah das nicht aus wie ein Kind.

Aber als ich Bernard, meinen Sohn, dann da liegen sah, war er wie Gott für mich.

Der Arzt kam jeden zweiten Tag zu mir, um mir alles zu erklären und den Umgang mit dem Baby beizubringen. Damals haben wir CARE-Pakete³ aus Amerika bekommen. Mein Mann hat alles, was wir nicht brauchten, wie Kaffee, weiter verkauft, um die Klinik, wo ich immer noch war, zu bezahlen.

1946 gab es immer noch sehr viele Menschen mit antisemitischen Einstellungen. Mein Mann hat zu der Zeit einen Brief bekommen, er solle nach Polen zur Armee gehen. Aber er wollte mich nicht mit dem Kind allein lassen.

Tenenberg war wie sein Vater und Großvater Tischler. Er war auch sehr gut und hat in der Zeit viel gearbeitet. Wir waren vielleicht anderthalb Jahre im DP-Lager. Bis er eine Tante von sich in Paris ausfindig gemacht hat.

Die Tante hatte sich sehr gefreut, von einem lebenden Verwandten zu hören und hat uns eingeladen, zu ihr nach Paris zu kommen. Sie schickte einen Mann, der uns über die Grenze brachte und ich war sehr froh, aus Deutschland wegzukommen.

Als wir in Paris ankamen, fragte ich meinen Mann, wie er seine Tante erkennen will, aber er deutete nur auf seinen Arm und sagte, »unser Blut wird reden.« Aber die Tante kam nicht. Ich hatte mir vorher die Adresse notiert und sagte zu meinem Mann, »wir nehmen uns jetzt ein Taxi und fahren zur Tante. Sie kann das Taxi dann bezahlen. Wir können nicht ewig mit dem Kind hier stehenbleiben.«

Wir sind dann auch mit dem Taxi zur Tante gefahren. Beide, Onkel und Tante, haben uns sehr gut aufgenommen. Sie haben sich auch ab und zu um unsere Kinder gekümmert, sodass ich Zeit hatte zu lernen und zu lesen.

Beim zweiten Mal wusste ich, dass ich schwanger war und die Tante ist mit mir zum Arzt gegangen. Er sagte zu mir, nach dem er mich untersucht hatte, wenn es nicht sogar Drillinge werden, dann aber auf jeden Fall Zwillinge.

Gefreut habe ich mich über meine Schwangerschaft nicht. Es war keine gewollte Schwangerschaft. Meine Mutter war auch ein Zwilling gewesen. Bei der nächsten Untersuchung sagte der Arzt mir, dass eines der beiden Babys quer liegt. Für mich war es wichtig, dass wenigstens eines durchkommt. Als die Wehen einsetzten, sind alle mit mir ins Krankenhaus gefahren. Dann kam das erste Kind und dann das zweite. Zwei so schöne Kinder.

Ich habe mich an meine drei Söhne schnell gewöhnt. Und ich bin fast gestorben, als einer meiner Söhne starb. Einer der Zwillinge starb an einer Gehirnhautentzündung und das arme Kind konnte ja nicht einmal sagen, was ihm wehtat. Es war erst ein halbes Jahr alt. Sie waren eineiige Zwillinge und nur ich alleine konnte sie auseinanderhalten. Ich habe viel durchgemacht. Damals war ich 21 Jahre alt.

Sara und ihre Familie in Paris

In Paris habe ich eine Frau aus dem KZ wiedergetroffen. Wir haben uns gefreut und umarmt. Neben ihr stand eine Frau, ihre Schwester. Es war damals sehr selten, noch eine Schwester oder einen Bruder zu haben. Neben mir standen meine Kindern und sie hat ganz erstaunt gefragt, woher ich die Kinder habe und ob ich sie adoptiert hätte. Ich hatte das Wort davor noch nie gehört und sagte, »Nein, das sind meine Kinder.« Sie war sehr erstaunt.

Im KZ wurden medizinische Tests mit uns gemacht. Eines Tages wurden 16 Mädchen ausgesucht. Was für Kriterien sie zur Auswahl hatten, weiß ich nicht. Ich war auch dabei. Es wurden gynäkologische Versuche an uns vorgenommen. Sechs Mädchen sind an Ort und Stelle wahnsinnig geworden. Ich wusste nicht, dass die Behandlungen uns damals die Möglichkeit nehmen würden, Kinder zu bekommen.

Bei dem Wiedersehen mit ihr habe ich dann erfahren, dass ich die Einzige bin, die Kinder bekommen konnte. Vermutlich, weil ich damals noch so jung war. Ich kann heute nur glücklich sein, meine Kinder zu haben. Die Frau erzählte mir von Israel und dass alle Juden, wenn sie wollen, nach Israel gehen können. Mein Mann wollte nie nach Israel. Und ich wollte nie in das DP-Lager in Bayern. Wir sind nur dahin, weil er zustimmte, nach der Staatsgründung nach Israel zu gehen. Vermutlich dachte er nicht, dass die Gründung so schnell gehen würde. Zuhause habe ich zu meinem Mann gesagt, »wir gehen jetzt nach Israel. Wenn du nicht mit willst, dann gehe ich mit den Kindern alleine.« Und das hätte ich auch gemacht. Unser Leben war gut in Paris, aber ich wollte nach Israel.

Umzug nach Israel

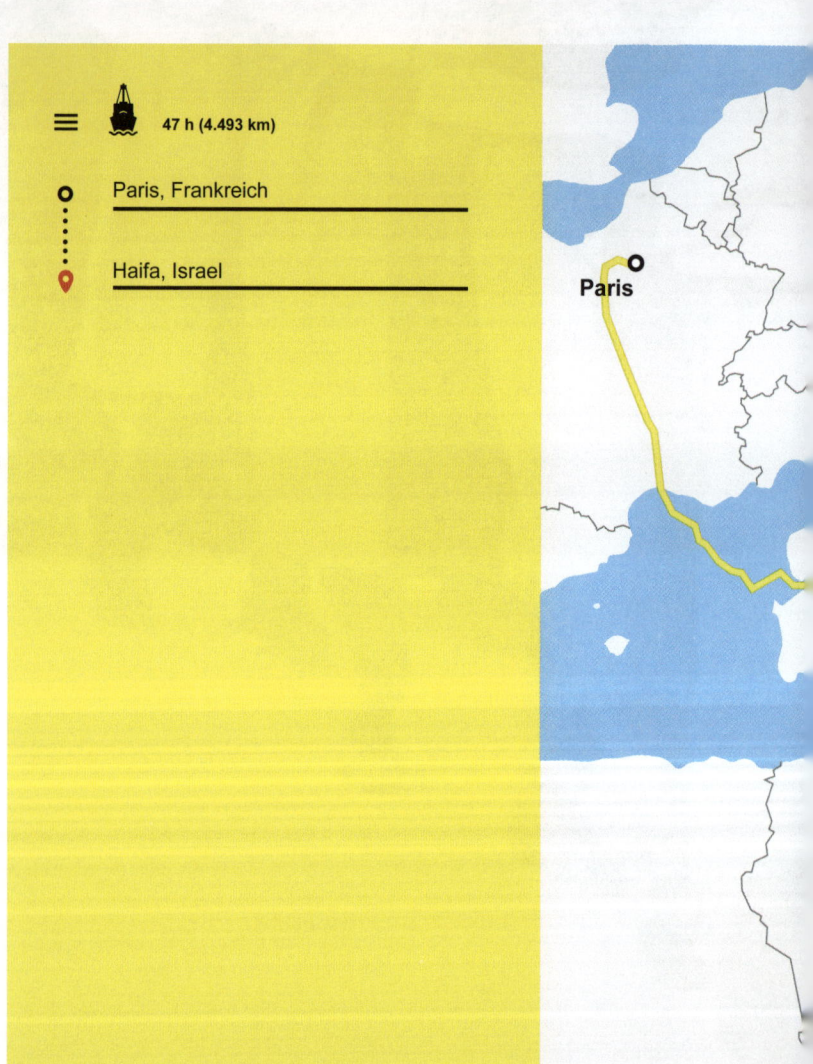

≡ 🚢 **47 h (4.493 km)**

○ Paris, Frankreich _____

● Haifa, Israel _____

Paris ○

Israel war für mich immer das Land der Apfelsinen.

Im KZ war neben· mir ein Engländer eingesperrt gewesen. Wir fingen an, uns abends ein bisschen zu unterhalten. Wir konnten beide nur sehr wenig Deutsch und es war im KZ streng verboten, sich zu unterhalten. Bevor wir miteinander sprechen konnten, mussten wir immer nach den Wärterinnen Ausschau halten und sichergehen, dass keine in der Nähe war. Er fragte mich, »bist du ein jüdisches Mädchen?« Ich sagte »Ja.«

Wir haben angefangen, jede Nacht ein paar Wörter miteinander zu wechseln. Ich erinnerte mich, dass wir Kinder zu Hause ab und zu eine halbe Apfelsine als Nachtisch bekommen haben. Das war immer etwas Besonderes. Wir durften die Apfelsinen nie in die Schule mitnehmen, um die anderen Kinder nicht traurig zu machen, weil sie keine hatten. Der Engländer erzählte mir, dass Apfelsinen in Israel, damals noch Palästina, auf Bäumen wachsen sollen und man so viele essen kann, wie man will. »Auf Bäumen sollen die wachsen? Ich kann mich dahin stellen und so viele pflücken, wie ich will?« Wenn ich nach Hause komme, muss ich das meinen Eltern erzählen. Und dann fahren wir zusammen nach Israel. So habe ich im KZ noch gedacht.

Israel war meine Befreiung. Ich bin vom Schiff und bekam gleich einen Ausweis und war eine Bürgerin.

Aber es war nicht leicht, der Anfang. In Paris hatten wir eine schöne große Wohnung, aber ich habe micht dort nie zu Hause gefühlt. In Israel lebten wir das erste Jahr in einem Zelt, das wir uns mit einer weiteren Familie in der Nähe von Haifa teilten. Eine Wohnung hat man nicht bekommen, wann man wollte, sie wurde zugeteilt. Es war selten, dass eine Familie zwei Kinder hatte, so haben wir schneller als andere eine Wohnung bekommen.

Ankunft in Israel – Sara vor ihrem Zelt

Freundin Edja und ihr Kind

Eines Tages ist eine gute Freundin von mir, Edja, zu mir gekommen und hat mich gefragt, ob ich mit ihr zum Arzt gehe. Sie war zum dritten Mal schwanger. Das erste hatte sie vor der Geburt verloren, bei der zweiten Schwangerschaft musste sie die ganzen neun Monate über liegen. Ich fragte, »warum willst du zum Arzt, tut dir denn etwas weh?« Sie sagte »Nein, aber mein Mann will kein weiteres Kind.« »Gehst du mit mir zum Arzt?« »Nein.« »Dann bist du mir keine richtige Freundin. Du hilfst mir nicht, wenn ich dich brauche.« Ich sagte, »Edja, ich gehe nicht mit dir zum Arzt, weil du das Kind willst.« »Aber mein Mann will keines und ich müsste dann wieder neun Monate liegen bleiben.« Ich sagte, »ab heute wirst du nichts mehr machen, nur ich.«

Und ich habe die ganzen neun Monate alles für sie gemacht. Gewaschen, gekocht, alles. Ihr Mann hat das alles nicht mitbekommen und als der Sohn zur Welt kam, war ihr Mann nicht böse. Das Kind war wie ein König für ihn.

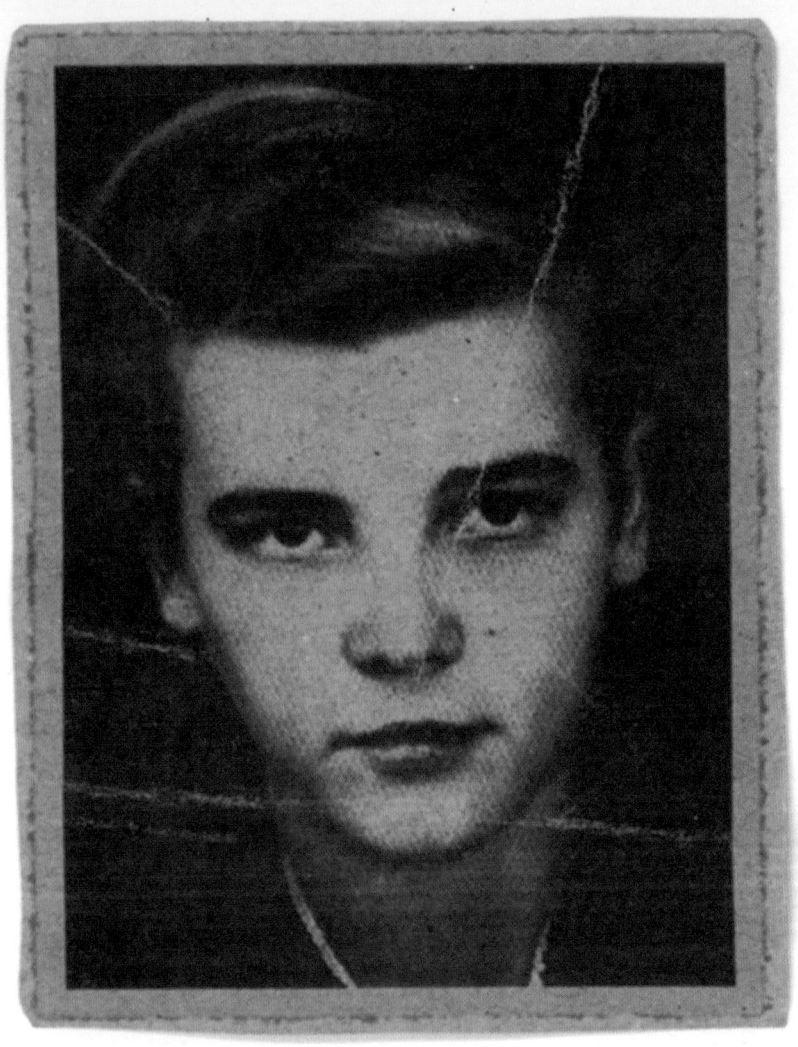

Stefania Sliwka

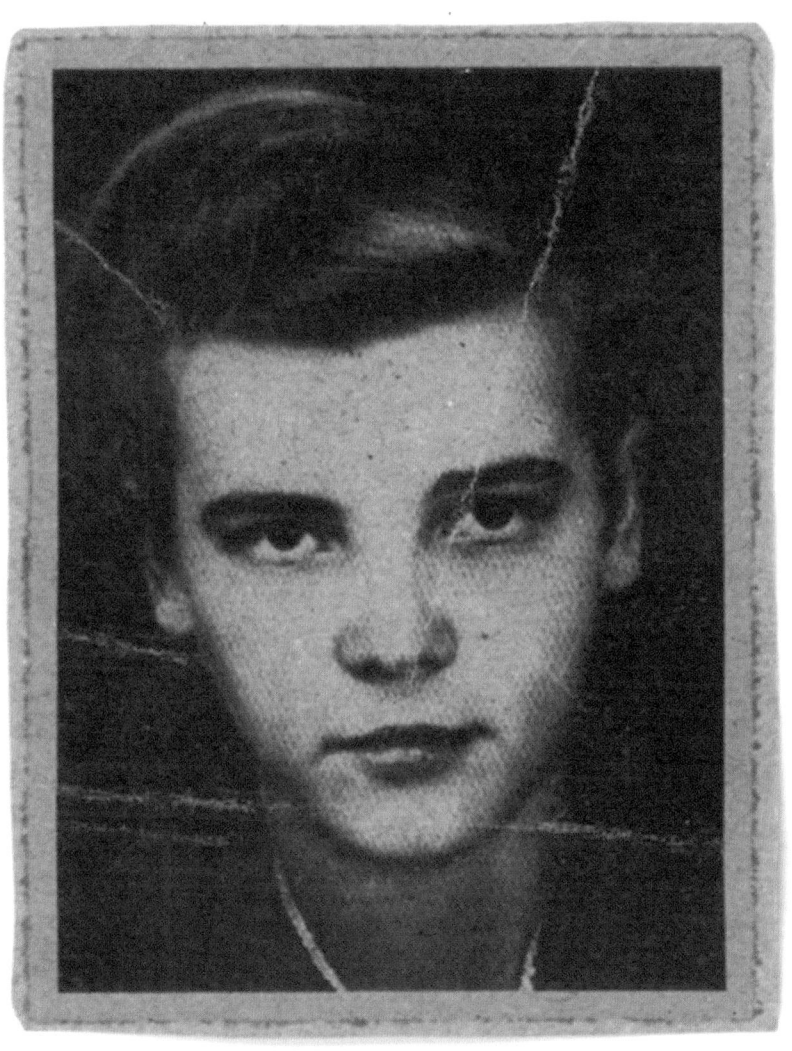

Stefania-Sara Sliwka

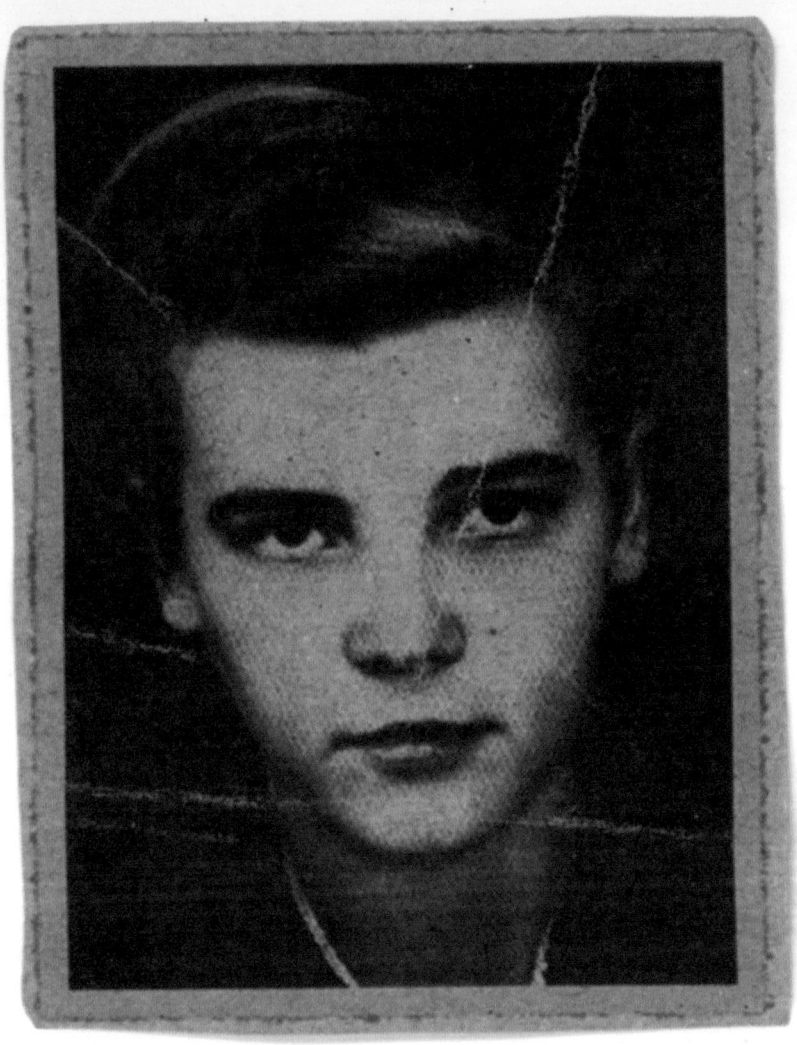

Sara Tenenberg

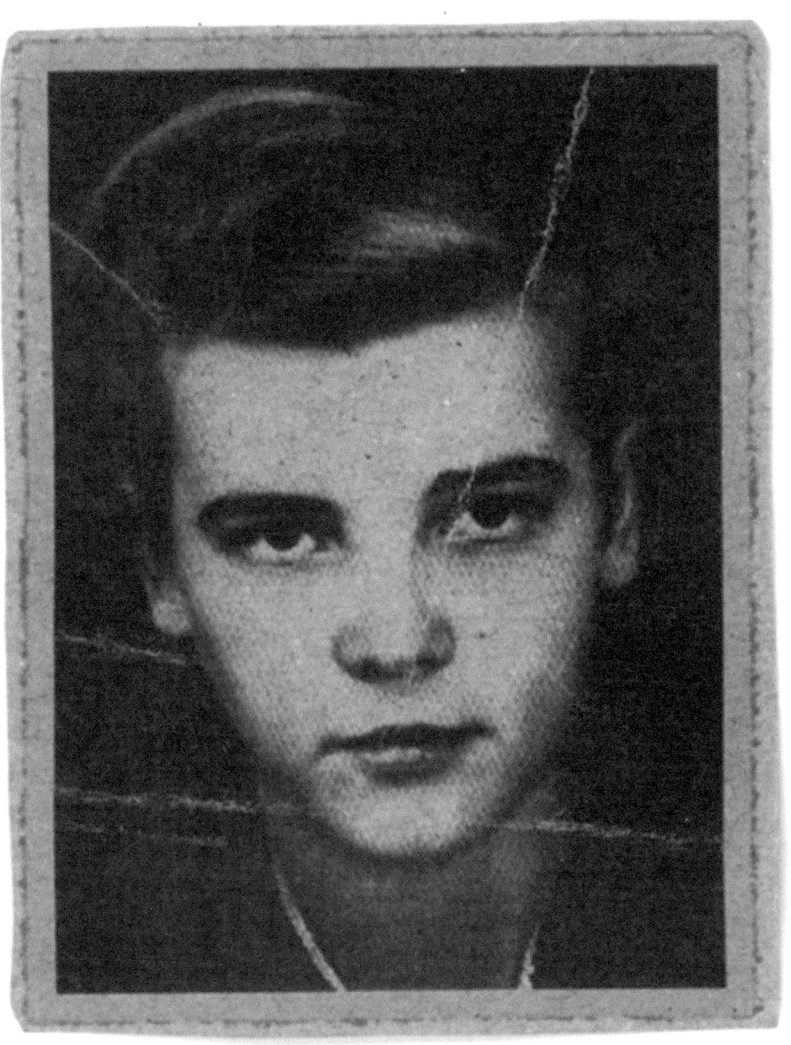

Sara Bialas

Entweder man akzeptiert mich, wie ich bin oder Schalom.

Ich hieß nicht immer Sara.

Mein Geburtsname war Stefania Sliwka. Als die Deutschen kamen, mussten alle jüdischen Frauen den Namen Sara zu ihrem Vornamen hinzufügen. Bei den Männern war es der Name Israel. Im Ghetto hat meine Mama einmal gesagt, wenn eine von uns überlebt, dann soll sie den Namen Sara übernehmen. Nachdem meine Eltern nicht mehr da waren, hatte ich niemanden mehr, um zu fragen, ob ich weiter Sara heißen soll. Aber nachdem meine Mama das gesagt hatte und weil sie eine kluge Frau war, habe ich den Namen Sara weitergetragen.

Es war kein schwerer Abschied von meinem Geburtsnamen. Denn auch, wenn mein Name sich geändert hat, ich war immer ich.

Deutsch·land
Deutsch|land

[Eigenname]
Staat in Mitteleuropa.
Besteht seit 1990 aus 16 Ländern und ist
als freiheitlich-demokratischer und sozialer
Rechtsstaat verfasst.
Die 1949 gegründete Bundesrepublik Deutschland
[BRD] ist die jüngste Ausprägung des deutschen
Nationalstaates.
Erster Weltkrieg: 28. Juli 1914 — 11. Nov. 1918
Zweiter Weltkrieg: 1. Sept. 1939 — 2. Sept. 1945

Sprach·bar·ri·e·re
/Spráchbarriere/

Substantiv, feminin [die]
Schwierigkeit in der Verständigung zwischen
verschiedenen Sprachen.
Kommunikationsproblem.

In Israel waren wir von 1949 bis 1961.

Jetzt willst du sicher wissen, warum ich in die DDR – nach Berlin gezogen bin. Aber das will ich nicht sagen.

Alle wollen das immer wissen, aber ich mag das nicht erzählen. Aber es war schrecklich, schrecklich. Wir wurden abgeholt und der Fahrer hat Deutsch gesprochen. Ich wollte sofort wieder zurück. Ich hatte doch ganz vergessen, dass man hier Deutsch spricht.

Wirklich schrecklich. Das alles fiel mir sehr schwer. Ich habe in jedem den Mörder meiner Eltern gesehen. Aber mein Mann wollte nicht zurück nach Israel. Wir wurden in der DDR als Überlebende nicht schlecht behandelt. Wir haben zwar keine Wiedergutmachung bekommen, aber all jene, die die letzten sechs Monate vor der Befreiung in einem KZ eingesperrt waren, haben die letzten Jahre eine sehr gute Rente bekommen. Das war in der Bundesrepublik anders. Dort bekam ich auf meine Anfrage hin, warum ich auf meine Ghetto-Rente keinen Anspruch habe, die Antwort, »weil Sie ein Kind waren und Kinder arbeiten nicht. Dann kann man auch keine Rente erhalten.« Mein Mann hat schnell eine Arbeit gefunden und ich habe zuerst angefangen, mit den Kindern Deutsch zu lernen. Sie haben anfangs auch nicht verstanden, dass wir bleiben würden. Wir haben uns aber Stück für Stück daran gewöhnt. Aber ich wollte nicht viel mit den Deutschen zu tun haben.

Dann fing ich auch an zu arbeiten. Einer der Mitarbeiter, er hatte eine höhere Stelle als wir, hat am Morgen jedem Mitarbeiter die Hand gegeben. Nur bei mir hat er immer weggeschaut. Bis ich nicht mehr konnte und ihn gefragt habe, warum er mich nicht ansieht. Ich fragte, »haben Sie Angst mich anzusehen, Sie müssen mir auch nicht die Hand geben, aber es muss etwas geben, warum Sie mich nicht anschauen wollen.« Und da sagte er zu mir, »Ich war nur Sanitäter, ich habe keine Spritzen gemacht.«

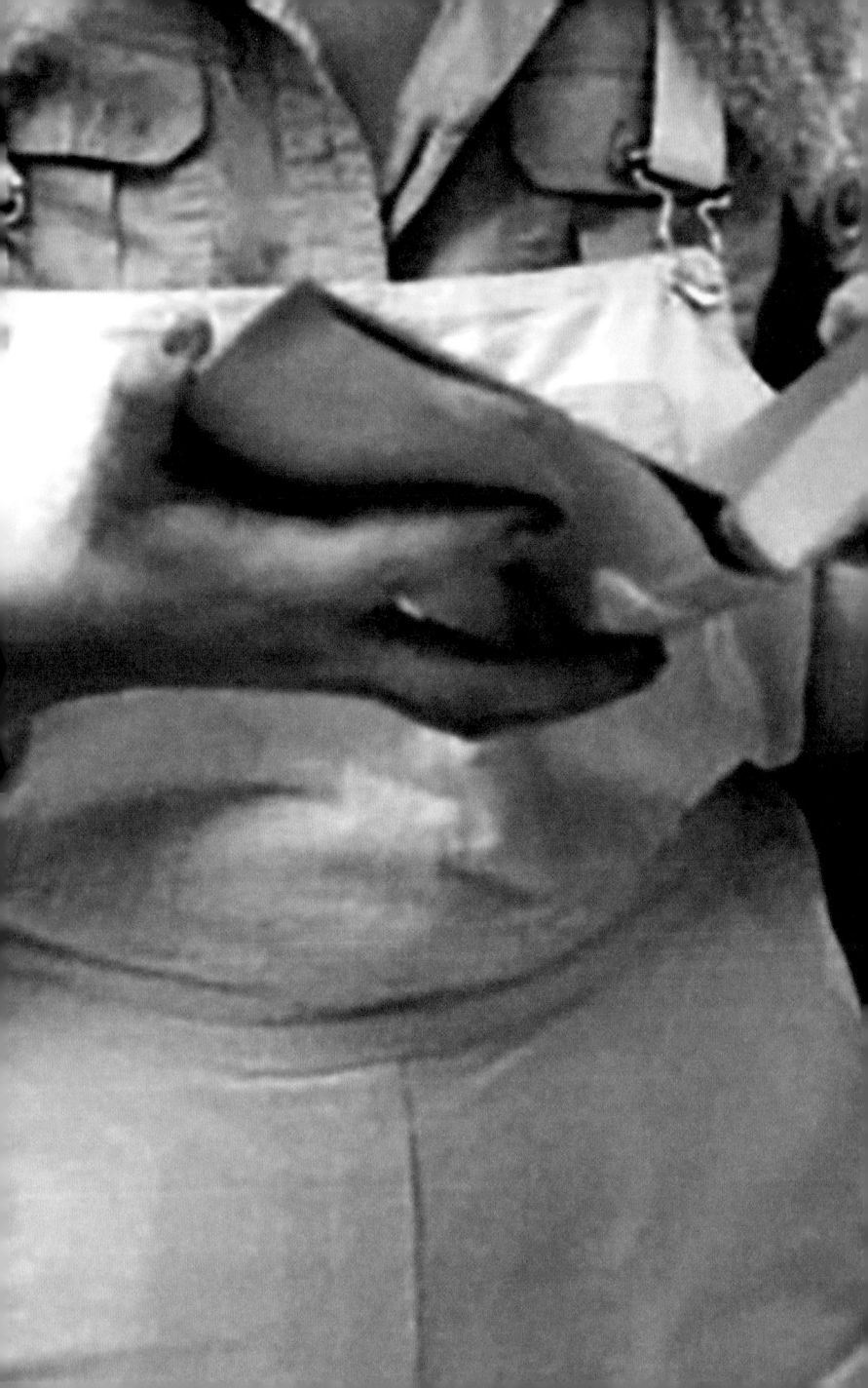

Ich hatte nie viel Geld und einmal, da stand ich vor der Entscheidung, kaufe ich Zigaretten oder kaufe ich mir ein Buch. Ich habe mich für das Buch entschieden.

Ich wollte nie noch einmal heiraten. Aber es ist so gekommen. Heinz und ich sind uns auf einem Gang begegnet. Und meine Familie hat ihn sehr gut angenommen. Einmal hat meine Schwiegertochter zu mir gesagt, »Mutti, der passt sehr gut zu uns.«

5	6	7
Malz	C.J.RÖDEL	K.Urba... / B.Heil...
Roth/Krumbein	Hufterer Machner/Tomczyk	MNTR TUSCH...
PPM Christel Blaesius	PAPENDIECK-PLOTZK	SteN...
IBE	Bialas	POPP
Ludigs/Heric	Franke	Möllens...
B.MULACK	F.Hellmann/ F.Mulack	KÜNTS...
	JAHNKE	ERDM...
Ottenborg	KULIKOVA	Gehr...
Heiden/Kratz	Limpak	Gelp...
Minner	CARTHEUSER	KARANK...
SCHÖNEBERGER,Dr	Lehmann	Kosia...
Dres. Vespermann	Könitz	WALL...

Frau·en·recht
/Fraúenrecht/

Substantiv, Neutrum [das]
Frauenrechte sind Freiheits- und Menschenrechte,
die Frauen als Mitglieder der Menschheit
besitzen.

Geschlechtsvormundschaft

Substantiv, feminin [die]
Begriff, der die Beschränkung von Frauenrechten
in einer Gesellschaft bezeichnet und als Merkmal
des Familienpatriarchalismus gilt.

Frau·en·be·we·gung
Frau|en|be|we|gung

Substantiv, feminin [die]
Eine globale soziale Bewegung, die sich für
die Gleichberechtigung von Frauen in Staat
und Gesellschaft einsetzt.
Leipzig 1865: Entstehung des ersten
Frauenbildungsvereins.
1918: Einführung des Frauenwahlrechts vom
Rat der Volksbeauftragten.
19. Januar 1919: Wahl zur Deutschen
Nationalversammlung: Erstmalige Nutzung des
Frauenwahlrechts auf nationaler Ebene.

Frauen soll man nicht einen schönen Schlafrock schenken, man soll sie respektieren und gleichberechtigen. Dafür habe ich mich eingesetzt. Ich kann jetzt nicht mehr auf die Straße gehen, nicht mehr auf Demonstrationen. Aber ich möchte, bis ich die Augen zumache, immer für die Frauen kämpfen.

Heute hätte ich gerne eine Tochter gehabt. Aber als Kind habe ich gehört, dass eine Tochter schön sein muss. Bei einem Jungen reicht es, wenn er gerade gehen kann. Ich hatte wirklich Angst, eine Tochter zu bekommen.

Der Schmerz ist immer noch da. Er wird auch nie weg-
gehen, aber ich hasse nicht. Ich habe keine Vergeltungsge-
danken. Hass macht hässlich. Und niemand auf der Welt
kann seine Erinnerungen loswerden. Ich auch nicht.

Es ist angenehm für mich, mit jungen Menschen zu reden. Mir tut das gut. Auch wenn ich erzähle, von den Deutschen und was sie getan haben. Ich habe niemals gedacht, den hätte ich umgebracht. Aber nah wollte ich ihnen auch nicht sein. Ich hatte Angst, dass ich dann fragen würde, was habt ihr eigentlich getan? Das wollte ich nicht. Aber ich kann das alles nicht vergessen. Einmal habe ich ausgesprochen, was mit meinen Eltern passiert ist und einer hat gesagt, »die würden heute auch nicht mehr leben.« Und das war für mich, als würde man mir den Kopf abschneiden.

Ich habe bis heute nichts Schlechtes getan und ich hoffe, ich werde nie jemanden beleidigen. Aber das ist nicht immer leicht. Jeder Mensch ist ein Mensch und ich freu mich über jeden, ob klein oder groß.

Aber man soll verstehen, was man mir und so vielen anderen Menschen angetan hat. Ich hätte normal leben können, mit meiner Familie, wäre aufgeklärt gewesen, aber das war nicht so. Es sind Sachen passiert, die vielleicht zum Lachen sind, aber mir ist nicht zum Lachen.

Es wird oft gesagt, dass meine Generation politisch sehr engagiert ist und auch gerne auf die Straße geht, wenn ihr etwas nicht passt. Aber es gibt auch sehr viel zu kritisieren. Donald Trump im Weißen Haus, Rechtspopulisten im Bundestag, die AfD erreicht immer mehr Zuspruch bei Wahlen, immer häufiger finden antisemitische Übergriffe im öffentlichen Raum statt. Da stellt sich mir die Frage, was meine Generation wirklich dagegen unternimmt.

Fuck-Nazis-Sticker auf Handyhüllen und Donald-Trump-Memes auf Sozial-Media-Plattformen sind schon länger Teil der neuen Jugendkultur. Aber genügt das? Ist das ausreichend für einen entschiedenen Kampf gegen Antisemitismus und Rassismus?

An einem verregneten und kalten Freitagnachmittag im Spätnovember 2018 waren meine Kunstgeschichtslehrerin, Jaqueline Krickl und ich auf dem Weg zu Frau Sara Bialas, um uns ihre Geschichte anzuhören.

Sara Bialas ist eine jüdische Überlebende des Holocaust, ein Child Survivor, wobei sie diesem Begriff nichts abgewinnen kann und die Child Survivor lieber in »Kinder« umformuliert. Ich dagegen bin eine junge, deutsche Frau, die Gefühle und Zustände wie unerträglichen Hunger oder unfassbare Trauer nicht kennt. Mit jedem Schritt, der uns ihrer Wohnung nähern ließ, wurde ich nervöser. All die Unterschiede zwischen ihrem Leben und dem meinen waren mir so bewusst und machten mich zunehmend unsicherer. Wie finde ich einen passenden Einstieg in das Gespräch? Wie persönlich dürfen meine Fragen sein?

Sara Bialas, Karin Weimann, Jaqueline Krickl und ich finden uns sitzend auf ihrem Sofa im Wohnzimmer wieder. Es herrscht ein kurzes Schweigen. Dann sieht Sara mich an und stellt mir eine Frage. Sie fragt, warum ich mich als junger Mensch für ihre Geschichte interessiere. Es war keine Frage, die ich nicht erwartet hätte, aber ich halte trotzdem kurz inne. Ich hatte damit gerechnet eine ähnliche Frage gestellt zu bekommen und dennoch bin ich mir nicht sicher, was ich antworten soll. Ich hole tief Luft und fange an zu erzählen.

Ich erzähle von den drei Monaten Aufenthalt in Israel nach meinem Abitur und wie sehr ich das Land schätzen gelernt habe. Ich erzähle davon, dass mir die Auseinandersetzung von Jugendlichen mit unserer deutschen Vergangenheit wichtig ist und ich oft das Gefühl habe, dass diese Vergangenheit nur allzu gern als vergangen abgetan wird und nicht mehr viel darüber nachgedacht wird. Sara nickt daraufhin kurz und fängt an, mir ihre Lebensgeschichte zu erzählen.

Mit Saras Erzählungen fallen Nervosität und Aufregung von mir ab. Durch ihre freie und offene Art, wie sie ihre Geschichten erzählt, tauche ich immer tiefer mit ein. Wir schauen uns an, während sie spricht. Zwischen uns entsteht ein Band. Sie nimmt mich mit.

Warum aber überrascht mich das? Dank des ausführlichen Geschichtsunterrichts in der Schule und der Zeitzeugenberichte, wie Anne Franks Tagebuch, weiß ich einiges über die verübten deutschen Verbrechen. Aber Sara trägt mich mit ihren Erzählungen über eine Grenze, wo alles real ist und für mich zur bitteren Realität wird, ich daran teil habe. Vielleicht zum ersten Mal verstehe ich, wie verstört die Überlebenden zurückbleiben.

Sara erzählt immer weiter über ihr Leben, manchmal hält sie kurz inne, um sich wieder zu sammeln und um ab und zu ihre Nase zu putzen. Mit jeder Erzählung erlebt Sara das Geschehene immer und immer wieder und das tut sie, um möglichst viele Menschen darüber aufzuklären, was ihr und anderen widerfahren ist.

Ich bin einer unglaublich starken Frau begegnet, die nicht sehr gern alleine ist. Am glücklichsten ist Sara, wenn sie unter Menschen ist, je mehr Menschen, desto besser. Sara ist außergewöhnlich. Sie ist eine Frau, die jedem, der sich Zeit zum Zuhören nimmt, ihre Geschichte erzählt. Ein Gespräch mit Sara ist das Leben pur!

Sara und ich sind durch meine Suche nach einem mögli-
chen Abschlussprojekt für meine Ausbildung zur Grafik
Designerin im Lette Verein Berlin in Berührung gekommen.

Und an dieser Stelle möchte ich gerne Danke sagen,
Danke an Jaqueline Krickl, meiner Kunst-, Design- und
Mediengeschichtslehrerin, und Danke an Petra Madyda
für das Herantragen dieses Projektes und für die Unter-
stützung innerhalb der Umsetzung und Realisierung.

Ein weiteres Danke gilt Karin Weimann. Denn ohne
sie hätte die nahe und vertrauensvolle Verbindung zu Sara
nicht entstehen können.

Und mein großes, wirklich größtes Dankeschön für ihre
Geschichte und ihre warmherzige Gastfreundschaft gilt
Sara Bialas. Ich bin dir sehr dankbar, dass du mir deine
Lebensgeschichte anvertraut hast.

Danke, Sara!

Sara Bialas wurde 1927 als Stefania Sliwka in Częstochowa, Polen geboren. Ihre Eltern und ihre Schwestern fallen dem NS-Regime zum Opfer. 1941 wird Sara während einer Razzia in der Wohnung ihrer Schwester entdeckt und in das Zwangsarbeiterlager Wolta-Gabersdorf, Tschechien deportiert. Hier muss sie Jahre bis zur Befreiung durch die sowjetische Armee in den Textilfabriken von Hasse Co, Etrich und Vereinigte Textilwerke K.H Barthel Zwangsarbeit leisten, Hunger und Misshandlung erleiden.

Zurück in Częstochowa begegnet sie ihrem späterem Ehemann Mosche Tenenberg. Im DP-Lager Ainring bei Freilassing (Bayern) bringt Sara 1946 ihren Sohn Bernard zur Welt. 1947 beschließt die Familie, zu Verwandten nach Paris zu ziehen. Dort wird 1948 ihr zweiter Sohn Robert geboren. 1949 wandern sie nach Israel aus. Hier lebt die Familie, bis sie sich 1961 genötigt sehen, das Land in Richtung DDR, nach Ost-Berlin, zu verlassen.

Über die Gründe spricht sie bis heute nicht. 1975, einige Jahre nach dem Tod von Mosche Tenenberg, heiratet Sara Heinz Bialas. Sie lebt heute in Berlin-Charlottenburg.

Danke für deine Zeit.

Impressum

Herausgeber: Erinnern und VerANTWORTung e.V.
Konzept und Gestaltung: Lena Müller
Redaktion: Jaqueline Krickl
Mitarbeit: Karin Weimann
Typo: Menlo Regular und Sabon LT Std

© 2021 Hentrich & Hentrich Verlag
Berlin Leipzig
Inh. Dr. Nora Pester
Haus des Buches
Gerichtsweg 28
04103 Leipzig
info@hentrichhentrich.de
http://www.hentrichhentrich.de

Die Deutsche Nationalbibliothek verzeichnet diese Publikation
in der Deutschen Nationalbibliografie; detaillierte Daten sind
im Internet über https://portal.dnb.de/ abrufbar.

1. Auflage 2021
Alle Rechte vorbehalten
Printed in the EU
ISBN 978-3-95565-441-2